RAPSODIA DE TODO LO VISIBLE E INVISIBLE

RAPSODIA DE TODO LO VISIBLE E INVISIBLE

Fernando Valerio-Holguín

Legados Ediciones
Colección Poéticas, 5

Este libro se ha realizado con papel procedente de
bosques administrados de forma sostenible (certificado FSC)
y 100% libre de cloro (certificado TCF)

Primera edición: diciembre de 2014

© Fernando Valerio-Holguín

Imágenes de cubierta:
© iStock.com/Sapsiwai
© iStock.com/Kasia75

© Del preludio: Ignacio López-Calvo
© De la nota de cubierta: René Rodríguez Soriano

© Legados Ediciones
www.legadosediciones.com
legadosediciones@gmail.com

Depósito Legal: M-34745-2014
ISBN: 978-84-941038-7-2

Preludio

Rapsodia de todo lo visible e invisible refleja desde el título el amor por la música y, ya en el primer poema, la voz poética anhela oír un aria de Gabriel Fauré antes de morir, pues esa música aliviará la angustia de la muerte, a la vez que la poesía misma la combatirá, perpetuando el nombre del poeta. En los siguientes poemas continúa la rapsodia con su musa, una muchacha onírica, desnuda e invisible, pero invisible, más por la distancia que por ser fruto de la imaginación. Se llama Irina, pero el poeta se refiere a ella, entre muchas otras cosas, con las palabras «Mi Maga», quizás una referencia intertextual al personaje de Cortázar. Ella ha posado desnuda para su poesía, como si tratara de la modelo de un pintor. Verso a verso se van fundiendo y mimetizando el desnudo femenino con la pintura, la poesía y la música: «Y apenas sí puedo distinguir entre la música / Y su cuerpo». En otros poemas, ahora en prosa, Valerio-Holguín bucea en la patria de la infancia, contrastada con la casa del exilio, que describe misteriosamente como llena de odio. Los versos nos llevan desde la infancia dominicana al itinerario europeo, pasando por el presente en el exilio estadounidense. Al final, esta sugerente colección se cierra sobriamente con el mismo consejo inicial de refugiarse en la música, al que se une ahora el de no volver la mirada hacia el pasado infernal de la tristeza. *Rapsodia de todo lo visible e invisible* se crece, nostálgico, en *tour de force* entre lo autobiográfico y lo lírico. Es, a fin de cuentas, una invitación a recorrer, junto al poeta, una historia personal rociada con nuevos espacios de ensueño y erotismo.

Ignacio López-Calvo
University of California, Merced

El poeta no da respuestas. Hasta el fin de sus días
interroga lo invisible de la realidad,
que no le da respuestas.

Juan Gelmán

Poeta busca modelo para poemas.
Sesiones de prueba exclusivamente durante
Sueño. René Char, Rue de Saules, 8 Tripli., París.
(Inútil venir antes de noche cerrada. La luz es
nefasta par mí.)

René Char

No soy nada.
Nunca seré nada.
No puedo querer ser nada.
A parte de eso, tengo en mí todos los sueños del mundo.

Fernando Pessoa

La luz es el primer animal visible de lo invisible.

José Lezama Lima

La escritura es esa haragana artillería hacia lo invisible.

Jorge Luis Borges

Antes de marcharme
A la casa definitiva
Que es la casa de todos
Quisiera —insisto—
Despedirme del mar
Y llevarme todas
Las palabras conmigo
Y dejar las palabras
Sin mí
En el mar
Y que un esplendente
Dulce ángel
Me tome de la mano
Y cante conmigo
Un aria de Gabriel Fauré
Que había creído olvidada
Y queden
La música
Las palabras
Y todo lo que hay
De invisible
Y bueno en mí.

(*Crece la hiedra, adheridas sus raíces a mis órganos.*)

El intangible pájaro insomne

I

He venido a cantar
La rapsodia
De la muchacha invisible
Que insiste
En posar desnuda
Para mi poesía.
En la noche premonitoria
En la brisa también invisible
Un mechón de pelo en los labios
La mirada ausente
Contemplando
Lo que está hecho de aire
Y es intangible
Lo que duele
Y queda en las pupilas
Lo que se presiente
Y no se ve
Lo inefable
Que se esfuma
Como salamandras
Ciegas
En la estepa baldía.

Nadie podrá verla
Desnuda
Como el día
Resplandeciente
En el asombro de los espejos

Otra vez desnuda
Parecida a sí misma
Y a otra
Y al agua muy fina
Que se escurre en el recuerdo.

Nadie podrá verla
Jamás
Posando desnuda
Sobre el *recamier* de terciopelo
Rojo
Para las palabras que intento hilvanar
Un brazo echado hacia atrás
Descubriendo la axila rasurada
Como una Maja Desnuda
Mirándome
Con las aureolas insomnes de sus pezones
Con su pubis depilado
Hecho también de deseo.

Nadie podrá tocarla
Porque posa desnuda para mi poesía.

—Irina, enséñame a ser feliz.

Invisible
Lo que no entendemos
En la muchacha
De largos muslos blancos
Su caricia en mi pecho
Mi caricia en las venas azules
Diminutas

De su seno
Como las calles de una ciudad
En las que quisiera perderme.
Su cuerpo
Como otro y el mismo
Desnudo frente al espejo.
Su pelo orlado de estrellas
Y el pavor de saberla lejos de mí
En un instante.

Si me ven
           Soñando en voz alta
En la penumbra de un bar
Sabrán que no estoy loco
Que frente a mí
Sentada
Posa la muchacha invisible
Y aún necesaria
Para mi poesía
Transfigurada en un adiós
Arrepentida
En sus mil rostros
Siempre idénticos.

Si me ven
           Soñando despierto
Y el revés de mi mano
Acaricia una lágrima imposible
Sabrán que no estoy loco
Que la invisible tristeza
De lo que soy

Y fui
En la muchacha
Que posa desnuda
Para mi poesía
Se deslee en la bruma
Del recuerdo.

Si me ven
        Llorando un día
No verán las lágrimas de otros tiempos
Es decir
—Perdonen ustedes la digresión—
No lloro por mi madre
Ni la lluvia en los techos de zinc
En mi infancia
Ni la cabellera hecha de noche
De la novia que no tuve
Ni la muchacha transparente en mis versos
Lloro simplemente
Por todo lo invisible
Que habita en mí.

Yo también tuve mi noche
Inmensa
De placer
En la vendimia del amor.

Irina
—Así se llamaba la muchacha
Que posó para mi poesía—
Dejó huellas
En el aire
E hizo que todo lo invisible

Se convirtiera en visible,
Es decir, en palabras.

II

He venido a cantar
La magia
Del guante blanco
Y el sombrero de copa
La magia de las retinas amargas
Que todo lo confunden
Desdoblada la luz
En el olvido de lo visible
Sortijas de novia
Conejos inverosímiles
O pañuelos de colores
Devorados
Por un hoyo negro
Con hambre de galaxias
Donde también van a dar
Sueños e ilusiones.

Mi amante
        Novia
Ilusionista
Motivo del verano
En la plaza de fuego
Donde nadie lloró su partida, excepto yo
Y unos cuantos sauces sombríos.

Mi Maga amante
Despliega
En mis pupilas
La luz
De aquello que duele
Aquello que un día nos hizo llorar
Y odiamos más allá del ojo.
Mi amante desvía
El aire
En el conjuro
A B R A C A D A B R A
A B R A C A D A B R
A B R A C A D A B
A B R A C A D A
A B R A C A D
A B R A C A
A B R A C
A B R A
A B R
A B
A
Finge
Que no existe lo visible
Teatro de ensueños

Mi amante Ilusionista
—Vean ustedes—
Nos devuelve la mujer que un día dijo amarnos
Y escapó en la niebla azul
Nos devuelve el hombre que alguna vez quisimos
Y se escurrió como un agua muy fría
El amor ya perdido
En hologramas de luz

Restaura
Por arte de magia
La sonrisa que huyó de nuestros sueños
O la mañana de primavera
En que fuimos felices
En Plaza Dorrego
Con Irina, sin duda.

—Oh, novia azul, ¡cómo me alejas la noche enemiga!

Mi Vidente Amiga
Cuenta el Tiempo
Y llora como si fuera suyo
El hijo resucitado
En una rarefacción
Fosforescente.
Perpleja la quimera
De lo que el ojo no ve
Y existe
De lo que se siente
Y creímos olvidado.

Una bandada de pájaros
Emerge veloz
Del sombrero de copa
Atraviesa mi pecho
Alejando lo cercano
En la muerte.
Porque el paso de los días vividos
Es lo que cuenta
La vida que la magia
Nos devuelve

Y alguna vez creímos perdida
Por desilusión o hastío.

(Mi Novia Amiga, Anna Karenina sin tren.)

III

He venido a celebrar
La rapsodia
Del intangible pájaro insomne
Que canta
Su sueño enjaulado.
Y en la orilla opuesta
La música
Rastro
De cosa lacerante
Que queda en los labios
Y duele sin remedio
Y apenas si se vislumbra
En el cansancio de olvidos grises
Que amenazan siempre con su retorno.

Yo siempre anduve por ahí
Por calles y plazas
Por ciudades inciertas
Con un cuaderno de notas
Y una botella de vino
Tarareando una melodía
Inaudible

Con los ojos
Llenos de música
Con las manos vacías
Soñando despierto
Siempre al filo
De las cosas
Y perenne la música
Desgarrándome el corazón amargo
En la estepa
De signos
Ininteligibles.

—*¿No escuchan ustedes la música de las esferas?*

IV

(Pianista rusa interpreta una Rapsodia)

Alguna vez Sergei Rachmaninoff
Soñó
O creyó haber soñado
Una muchacha de pelo bruñido
Interpretando su rapsodia sinfónica.
En el sueño
Se llamaba Olga Kern.
Leve
El vuelo
En cuyas manos no cesa la melodía
En el aire enrarecido de arpegios.

Otras manos más dulces
Frente a sus manos.
Su cuerpo cimbreándose
Como un junco en el río.
Sus ojos
Persiguiendo
Algo que quedó rezagado
Y aún no nos alcanza.
Y apenas si puedo distinguir entre la música
Y su cuerpo.
¡Qué acto de amor y entrega
Como si un orgasmo canoro la recorriera toda!
La mujer que muere un poco en cada nota,
como los sauces por abril en la estepa.

Ingrávida
La música
En el recuerdo
De lo que acaso está hecha la felicidad
Porque contigo
Son los días los que cuentan
Tú en el tránsito de los días
Desbordándolo todo
En la inaudible
               Dulce melodía
De mi corazón.

(A esta hora
Estará Irina
—Así se llamaba
La muchacha
Que posó desnuda para mi poesía—

Escuchando mi canto más triste
Y mirándome
Con las ojeras
de sus pezones.)

V

Esta noche
He venido
Como una Sherezade amarga
A impostar la voz
En un canto
Para espantar a la Muerte.
El canto de la palabra
Ausente
En el ojo atento a las formas
de todo lo vivido.

La palabra intangible
Refugio
De cosas arcanas
—En ese tiempo
                Me habitaba la música—.
La palabra
En el guiño
Dodecafónico
De la imagen
Anterior al pensamiento
Que no da respuesta

A lo visible
No devela
El misterio
Que contiene en sí
Todo lo vivido.

Si Saint-John Perse
Habitó su propio nombre
Y Rainer Maria Rilke
Encontró su patria en la infancia
Yo residí en los nombres
De todo lo invisible
Me alojé en las cosas
Que contienen las palabras:
Libro gato silla
Sol ventana sombra
En la casa de la infancia
De la palabra
Que vive en mí.

*(Paul Celan, desnudo y más bello
en las aguas del Sena, también halló su casa
en otro río.)*

He conjurado en mis cantos
El miedo
La furia el asco
La envidia
Del ojo ajeno
Y retirado
Del comercio de la palabra hueca
De la amistad vana
De las llamas de la pasión

Del recuerdo y la porfía
Me he refugiado
En una casa
Donde, espero,
Filippa Giordano
Cante cada día
Un aria de Mozart
Y Fernando Pessoa
Escriba un poema
Que contenga todos los sueños
Del mundo
Donde pueda beber
Una copa y otra de Malbec
Y fumar cigarros perfumados
De las Islas.

La casa de palabras

I

He venido esta noche
 A cantar la rapsodia de todo lo visible e invisible que habita en mí, a hilvanar las cantigas de lo que se acumula en la pupila glauca, de lo que no se dice y se piensa, de lo que se siente y no se piensa y duele, mientras se desangra el crepúsculo y rezuma lo hermoso y podrido

Un arte de ciegos, he venido a cantar,
 una cartografía de ciudades y mares con tritones ateridos en redes frías, y fantasmas de encías viudas al fondo de la medianoche, y sátiros enamorados y cíclopes que no saben dónde poner el olvido, y mercaderes de palabras con puñales en la mirada de odio, y asesinos de sonrisas, y suicidas agoreros y niños amarillos mordiendo el hambre, escondidos en alcantarillas, bajo cielos —insisto— a punto de estallar en arreboles de sangre; la cartografía de mi corazón, he venido a cantar

(Creo en la tierra, más que en el cielo
y en todo lo invisible que hay en lo visible.)

El de la Voz
Soy.
El que aprendió a maldecir en la lengua del amo,
El insociable, excéntrico.
Soy
El de la barba agreste.

Cleptómano
De albas
Y ovejas que pastan insomnios
Taxidermista de sabandijas
              Alguna vez en mi infancia
Autor del estupro a una menor
Que posó invisible para mi poesía.

—*Sí, Señor, todo eso he sido y más.*

Maledicente taciturno
El que escupe la mirada del zafio usurero impostor
El que cultiva con esmero sus defectos
En la soledad del cuerpo.

Duro más que la piedra
Con quienes he amado
Soy.

Rapsoda de perplejidades
Cíclope mendigo poeta
Marioneta de Dios
A su Imagen y Semejanza creado
Nijinsky de pacotilla
Bailando la danza del animal atado a mi cuerpo.

—*Oh animal de mí*
        frente al espejo.

II

Danzan las sombras
                       De hombres o panteras
Recortadas contra la noche azul
                       Lunada de octubre.
Danza sagrada
Trance agónico
En el que la luz más clara
Arroja los cuerpos al recuerdo de sí mismos.

Giran. Están. Giran. No están. Y son otros
Y más frágiles y esbeltos
En el segundo en que giran
Las sombras
Los cuerpos
O las sombras de los cuerpos.

Giran las figuras
Y caen
En el estruendo del silencio.
Apoyada una mano
En el vientre
Se deslizan.
Otra mano asida a la eternidad de un viaje
De regreso
—Porque la danza también nos transforma—
En el que todo fluye
La herida que no cesa
Todo fluye
Verano. Río de cianuro. Río de muerte.

Gira el hombre
Vilipendiada sombra chinesca
    De húmeros dislocados
Brazos repetidos en el aire fino
Giran la pena y su hombre
En el cansancio de las horas grises.

Danzarlo todo
La libertad que el céfiro nos ofrece
Abrazar el aire y levitar un segundo
Como descoyuntada la cabeza

Silueta recortada contra un cielo
crepuscular.

La magia
La pena
El cansancio
En la sístole del *mazhar*
El *rabab*
Y la voz celestial de la flauta ney,
Como dijera Rumi.

La música, signos en el aire.
El cuerpo es su propio alfabeto
La danza, su ejecución.

La danza
Que no he venido a cantar
Y danzo
En la agonía del trance
En el círculo que todo lo contiene:
El triángulo

El ojo de Dios
La mandorla mística y el canto
De la alegría de quien soy y no soy.

(Rapsoda de soledades, forjador del rayo cotidiano, vencedor del tiempo, suicida inmortal, hacedor del fuego en la fragua, el Cíclope ciego merodea el día esplendente, se detiene junto al portal de Su Eminencia Púrpura, abre el puño y en la esfera sobre su mano cuantifica el volumen la forma el espacio y el tiempo del vasto mar, en tanto su ojo no puede ver y ve con certeza, en las entrañas abiertas de un chivo orlado de moscas azules, lluvias de pájaros muertos ríos de sangre vadeando las pupilas en la madrugada el pan hambriento en la boca desdentada, ve con certidumbre plagas de hormigas devorando la piedra solimán en la otra orilla, catástrofes marinas lenguas de fuego engullendo ciudades masacres en las calles, mercenarios buscando vetas de oro en las entrañas de la tierra al alba; escucha en la pequeña esfera la música que enternece, poesía en la danza que el aire contiene; en el yunque, el casco de mis gloriosas batallas invisibles sus manos labran.)

Vastos desvanes repletos de olvido
En estos cantos de Cíclope
Y palabras en el vacío.
Y apenas si dejan huella
En los cantos visibles
De aquellos que quieren entonar
—y no pueden—
La cita en el bar con la mujer que odiamos
Poco después de la Gala Premier

O el ojeroso imprudente que se masturba
Una tarde bajo la ducha de verano
El naufragio
De ojos abiertos
A media noche en la cama junto al hombre
Que no amamos.
La soledad y el amor
En la mirada
Que algo debió
Acaso
Querido decirnos
     Y no nos dijo.

El Cíclope canta en la fragua.
La ausencia de luz en la retina acecha
     Lo que no puede recogerse
En pedazos de tiempo
Apenas perdurable
     Como el tacto en la memoria.

III

¿Qué hago aquí
Entre asesinos y mercaderes de sueños
Alrededor de una fogata
En la noche color pantera?

Los asesinos de la secta de Ramphis II
Fingen danzar

Al son del tambor y el laúd,
Pero su danza es otra
De muerte y desolación.

La danza de los traficantes de *hashish*
De los buscadores de oro
De los mercaderes
vestidos de trajes y sonrisas.
Enceguecidas las retinas por la sangre,
Persiguen
La libertad
En la palabra refulgente
Como el aire necesaria.

En la noche lunada
Atravesando montañas y ríos
Jaurías de sabuesos
Rastrean mis huellas.
El *hashish*
Es sólo un pretexto
Para asesinarme.

En los bancos
Ministerios y fundaciones
Se convierte el *hashish* en oro
Y el oro se transmuta
Después de un proceso de rara alquimia
En versos múrices y enclenques.

Entonces, entono un canto más grave
Y el oro no enturbia mi voz.
Desato el animal invisible
En la danza y el canto

En la palabra.

—*Yo sólo tengo esta casa de palabras*
 Que llaman exilio

(Noé solitario
 Rodeado de zarzamoras e incendios.)

Y he aquí que también he venido a buscar la palabra, a nombrar lo que no tiene nombre, a buscar en la otra orilla el pájaro insomne trinando esferas musicales, la muchacha desnuda que posó para mi poesía y *la verdadera patria que fue mi infancia* y su casa

Tuve una casa que tal vez ya no exista, con gatos barcinos y un algodonero nevado en verano; una casa con hermanos —cuatro en total— pendencieros, asomados al alba y ajenos a su destino; una casa con ventanas de dos hojas que se abrían a la luz y al verde aguacate y al perfume de la chinola en las ramas; y duendes que se abalanzaban desde las ropas colgadas en la sombra; una madre que olía a cilantro —en alguna parte ya lo he dicho— y lloraba a escondidas; un padre invisible que se aparecía como un fantasma la tarde de un domingo de hastío para llevarme a la montaña

Era un pueblo incendiado de amapolas y flamboyanes en desdibujadas campiñas, con casitas amarillas rosadas azules como en los cuadros de Darío Suro; de espectros que arrastraban cadenas por las noches en las calles, de galipotes que acechaban desde los árboles y ciguapas que a más de un hombre ciego llevaron a la perdición con su canto más triste; de enanos grises en las calles y saltimbanquis ebrios, de ladrones de niños, escondidos bajo la cama, en los armarios, en la caja de resonancia del piano de cola; niños a los que luego se les extraía la grasa para alimentar lámparas que hiciera invisibles a los ladrones; de vendedoras con turbantes rojos y voz de soprano coloratura en el mercado

Era un pueblo de juegos en las esquinas *las cortinas del Palacio son de terciopelo azul* bajo el poste de luz amarilla en los crestones metálicos asediados de mariposas al Ángelus *Mambrú se fue a la guerra* y Papi-la-Muerte, el Abaleao, que se sacudía las balas de las piernas con solo un ensalmo, contando historias de diablillos y niños malcriados convertidos en ramas de guásima *una candelita a la otra esquinita* fotos en blanco y negro tomadas por Nicasio con su caja de larga manga negra. Y los sábados, churumbeles papiamentos y hojaldres gofio pancucos de visita en casa de la abuela

Pero también el relámpago del Cíclope en los espejos. La fragua en el sueño. La Muerte rondando perenne al filo de la madrugada. La mirada de obsidiana de los adultos. Esa cosa fea que tienen los adultos de herirse con palabras sordas. Y otra vez el llanto

(Debería haber un lugar llamado lacrimero, donde la gente vaya a llorar su tristeza, una plaza donde se publique el dolor, una plaza donde la gente llore por contagio, como los niños, sin la humillación de tener que llorar a escondidas, a solas en la oscuridad de una habitación, contra la almohada, contra la nada.)

Si nací en el hospital de pobres
La Humanitaria
En el barrio La Cigua
En La Vega
Si crecí en las calles de lodo y hastío

De Mono Mojao
En la estación de aguaceros
Es porque
Lo que he sido en la vida
Soy en la poesía.
(Por favor, lean aquí
Mi biografía autorizada.)

—*Mi verdadera patria fue la infancia*

Tuve otra casa cerca del mar inmenso en la ciudad, con música libros flores conejos inverosímiles, una muchacha visible rondando siempre la esquina, la novia que no tuve, Victoria, de grandes ojos negros, martirizándome con su sonrisa de dientes perfectos —en ese entonces aún me creía inmortal—. En cada esquina una pendencia una riña. (Y antes, una guerra grande contra el invasor.) Y después cervezas bailes amigos y un afán por recorrer el universo del barrio sus calles. Mala conducta en la escuela y escudriñando siempre el mar incesante desde el Malecón en Santo Domingo

(Una guerra grande que perdimos
                Y en cierta forma ganamos
Nos trajo el Invasor sanguinario, el Bárbaro rubicundo sin madre, el Invasor con sed de sangre que las hienas en zafarrancho de combate invitaron, la guerra grande, que me separó de mi madre entre el humo del cañoneo de los barcos, entre el humo de las bombas de aviones en la ciudad de espejos ciegos, el estallido de las granadas en las sienes y un llanto muy seco de muerte en las trincheras de la Ciudad asediada; la guerra grande que entró en

la duerme-vela de las noches el sueño despierto la pesadilla en que huyo de los Buscadores de oro, de los Poetas a sueldo, y los Traficantes de *hashish* en limusinas)

Tengo una casa en el exilio, abarrotada de libros por los que se pasea la Muerte a su antojo, un gato se come mis recuerdos y una muchacha invisible insiste en posar desnuda para mi poesía. Una casa visible de la que siempre he tratado de escapar, a otros lugares, a ciudades que no son mías, a cuerpos ajenos que se deshacen en besos robados al sueño. Judío errante gitano nómada vagabundo invisible a mi manera omnímodo, destrozado en mil pedazos, en bares, catatónico frente a una copa de vino, autista en cafés atiborrados de soledad y con la boca siempre llena de tierra, de una tierra estercolera que aún no llega a alcanzarme

El exilio es también la casa del odio. Invisible, el odio descolgándose por la arista del ojo que escruta mi piel.

¿Cuántas veces no habré querido, buscando la luz, en la noche lunada del Nilo, en los cánticos a Akenatón, sorbiendo apenas una cerveza amarga, cambiar de casa! Pero, ¿a dónde ir?
Si sólo tengo llena de odio
esta casa del exilio.

Destruidas por manos laboriosas o incendios. La casa inmensa de mi infancia desbordada en palabras y sueños fue consumida por un voraz olvido. Sólo quedó el olor a cilantro. Mi casa frente al mar, invadida por una cuadrilla de hombres armados con picos mandarrias; mi casa, desmontada ladrillo por ladrillo. Arrojados los recuerdos en solares baldíos donde hoy crece la yerba

—*Yo sólo tengo esta casa*
          Llena de odio.

IV

He venido a cantar esta noche
la Rapsodia de besos marchitos una tarde sin dudas en Plaza Dorrego. La caricia en la mejilla, frente al mar en Santo Domingo. Los afectos cubiertos de herrumbre en la memoria.

Invisible
Inefable
Lo que se piensa
Se siente
En silencio.

La rapsodia de cadáveres azules que insisten en no abandonarme en medio del día. Mis pequeños y grandes muertos, oteando la noche, auscultando el enigma, deslizándose por las aristas de la madrugada. Muertos insomnes pendientes de mi melancolía y estulticia, con las cuencas vacías de los ojos. Mis suicidas, masticando tréboles de cuatro hojas, asomados a mi nombre, tratando de descifrar lo invisible en mí:
Carlos
Miguel
Pablo
Freddy
Ricardo
José
Temístocles
Belisario
Alfonso
Arrastrando su tristeza boreal ante mi mirada de reproche, alguno habrá que dijo «Paraíso» y no pude imaginar un prado ameno con manzanos florecidos, ni Huríes desnudas en la danza

Vicario de suicidas soy, muriendo su vida, viviendo su muerte en un río desbordado de podredumbre

V

En Santo Domingo tejí leves cantos de lo escondido en mí. El dolor en los alvéolos por la anciana que pudo ser mi madre en el musgo centenario con la mano tendida frente a la Catedral. El pan hambriento en la boca del niño que pudo ser mi hijo, realengo mínimo harapiento en las calles

En Brujas, Bélgica, descubrí que era invisible —en ese entonces aún me creía visible— y recorría las calles sonriendo. Entraba en los bares y salía sin que nadie notara mi presencia. Atravesaba paredes o faldas de colegialas, sin dejar huellas. Invisible en la mirada de arte líquido. Sin decir nada, sin preguntar nada. Sonriendo y libre como los fantasmas de encías desnudas. Con aire de turista en las esquinas. Indoloro insípido, habitando un silencio que apenas me rozaba

De todo lo invisible fui testigo —y ésa es mi condena— de lo que nadie quería ver, de las lágrimas la sangre el grito en otro cielo otra boca, fui testigo. Del viento de presagio en los árboles, del gusano cavando su túnel en la nada, del ruido ensordecedor de la chicharra en el insomnio. Lleno de ventanas y ojos, como un lobo estepario agazapado en la estación del deseo. Del horror encima detrás de los párpados cansados, del fogonazo en la sien, el día inmenso y amargo

VI

Del horror
Fui testigo en Majdanek,
Fábrica de Muerte
Fantasmas de párpados cosidos por el pánico.
Un oboe solitario
Suena en la niebla azul del gas Zyklon B.
La Marcha de la Muerte ha comenzado.

Cientos de miles de zapatos
—millón y medio, según estadísticas—
Sin dueños
Zapatos que no volverán a pisar las calles,
Negros con cordones
En una época bien lustrados
O blancos de tacos altos
Con brillantes incrustados
Zapatos que no podrán asistir al *Nissím*
O a la *Ketubá*.
Y entre todos, los zapaticos blancos de niña
Con correítas atadas a la hebilla.
No serán estrenados en el *Bat-Mitzbá*
En Varsovia.

Miles de fantasmas deambulando
Descalzos por plazas y avenidas
Fantasmas
Bajo la luna judía
La luna gitana
Comunista
Homosexual.

Artistas intelectuales
Descalzos
En universidades
En citas clandestinas
En fiestas de aniversario.

Y después otro horror
Otros zapatos
Negros con cordones
O de tacos altos
Blancos de niña
Con correítas atadas a la hebilla:
Al-Dawayima, Safsaf, Eilabun
Y Sabra y Shatila, Gaza.
El retorno de los fantasmas
Descalzos de Majdanek
Otra Máquina de Muerte
Otras tierras
Y el mismo horror en otros párpados.

—*Ahora ellos están/Dentro de mí* —cantó
Yehuda Amichai.

Hay un ángel terrible de la muerte
Esculcando los órganos entre piedras y calzados.
No redime
El sufrimiento en los campos de zapatos sin dueños
El regreso a la casa ensangrentada
No redime
La banalidad del horror
Repetido en otras pupilas.
Ariel Eichmann. Adolf Sharon.

—Y, ¿por qué deberían importarme esas muertes?

Mi guerra es otra. Una mañana cerrarán
las fábricas de calzados del mundo y la humanidad toda
volverá a andar descalza.

He venido esta noche
A cantar
—Abandonados
los zapatos de la humanidad en la memoria—
El canto de la región ignota.

Invisible —cuando aún me creía visible— nadie pudo verme jamás llorando el hambre y el crimen, el horror del mundo; llorando lo que tuve y se esfumó en el aire, lo que no tuve y siempre quise, como un mendigo, un niño, una anciana

Nadie pudo ver mi danza tratando de deshacerme del animal invisible en mí, nadie escuchó mi canto de Cíclope en la fragua.

*—¿No es un asombro que yo cante más grave
y el oro no apague mi voz?*

Coda

He venido esta noche
A cantar el canto
—Yo soy mi propio canto—
De todo lo visible
               E invisible.
Yo soy el puñal y también la herida
En el espejo donde habita la muerte
               —En ese entonces
                        aún me creía Otro en los espejos—
Y en el viento que atraviesa la casa
Desoladamente alegre
De las palabras.

Yo soy
La voz y el canto
Orfeo y también Eurídice
Y la piedra enternecida
Y la mirada que devela
Lo visible en lo invisible.

Hijos de la noche,
Un consejo,
Arrimen su alma a la música
Que duele como todo lo hermoso e invisible
Y nunca vuelvan la mirada atrás:
El pasado es ese infierno
Que nos convierte en estatuas de tristeza.
Bajo una luz muy dulce
De amatista
Danzan
El dolor

La traición
El engaño
Y las lágrimas.

Bajo una luz muy suave
Hay un espejo que llora
Y un Cíclope que despierta
A las tinieblas del día
Al sueño ajedrezado
Donde sólo existe
Una pantomima de muerte
                              Necesaria.

Del reino invisible de la noche
Emanan esferas musicales
Que apenas alcanzo a escuchar,
Estrellas y planetas
Lunas
Que entonan un canto
En el silencio sideral.

Mi voz interroga el silencio.

ÍNDICE

Preludio 7

El intangible pájaro insomne 13

La casa de palabras.. 29

Coda 47

FERNANDO VALERIO-HOLGUÍN
(La Vega, Rep. Dominicana,1956)

Poeta, cuentista, novelista y ensayista. Realizó sus estudios de Licenciatura en Letras en la Universidad Autónoma de Santo Domingo. Obtuvo un Doctorado en Letras Hispánicas en Tulane University en 1994. Ha sido profesor de literatura latinoamericana y de teoría literaria en la Universidad Autónoma de Santo Domingo (UASD) y en el Instituto Tecnológico de Santo Domingo (INTEC); actualmente, es Profesor Titular de literatura y cultura afro-caribeñas en Colorado State University, donde fue galardonado con el premio John N. Stern Distinguished Profesor (2014). Ha sido invitado a dictar conferencias y ofrecer recitales de poesía por varias universidades e instituciones tales como Smithsonian Institution, the Library of Congress, University of Oxford, University of Newcastle Upon-Tyne, Julián Samora Research Institute, Indiana University, University of California at Los Angeles, Antwerp University, The John Paul II Catholic University of Lublin y University of Warsaw.

Ha publicado alrededor de cien ensayos sobre literatura, cultura y teoría literaria y ha ofrecido presentaciones y organizado paneles en congresos en los Estados Unidos, Latinoamérica y Europa. Sus ensayos han aparecido en antologías como *US/Latino/a Writing* (Routledge), *Short Story Criticism* (Gale Cengage Learning), *21st Century Anthropology* (Sage Publications), *Latino and Latina Writers* (Charles Scribner's Son) y *Encyclopedia of Contemporary Latin American and Caribbean Cultures* (Routledge); y en revistas tales como *Explicación de textos Literarios, Revista de Estudios Hispánicos, Chasqui: Revista de*

Literatura Latinoamericana, Romance Quarterly, Revista Hispánica Moderna, Cuadernos Hispanoamericanos, Forum On Public Policy On Line: A Journal of the Oxford Round Table, Caribbean Studies, Romance Notes y Revista Iberoamericana, entre otras.

Entre sus publicaciones se encuentran los poemarios: *Autorretratos* (2002), *Las eras del viento* (2006), *Poemas al óleo* (2010), *Rituales de la bella pagana* (2009) y *Retratos (Palabras sobre lienzo)* (2011).

www.ingramcontent.com/pod-product-compliance
Lightning Source LLC
Chambersburg PA
CBHW022125040426
42450CB00006B/856